AF250783

JULES FAVRE

ET

L'ACADÉMIE FRANÇAISE

PAR

ÉVARISTE DILLOT

PRIX : 50 CENTIMES

PARIS

LIBRAIRIE CENTRALE

5, RUE DU PONT DE LODI

1867

JULES FAVRE

ET

L'ACADÉMIE FRANÇAISE

I

Un académicien est mort ! Vive l'Académie ! Une nuée de candidats sort de terre ; vêtus de noir, cravatés de blanc, ils répètent devant la glace leurs révérences les plus arrondies et leurs plus mielleux sourires ; un fiacre les attend à la porte ; ils y montent pleins d'une noble confiance ; fouette, cocher, et en route pour l'immortalité !

Ils visitent à la file les trente-neuf juges d'où dépend leur sort ; chez chacun d'eux ils trouvent un accueil bienveillant et gros de promesses sous-entendues ; « on n'a pas dit oui, mais on n'a pas dit non ; vous verrez que je serai nommé ! » L'heureux postulant rentre chez lui, s'endort, et combine par avance, dans un sommeil peuplé de doux rêves, les périodes de son discours de réception.

Le jour du scrutin arrive, et avec lui le jour des déconvenues. Le nom le plus inattendu sort de l'urne, et les candidats malheureux se consolent en songeant que M. X... est bien vieux, que son fauteuil dans peu de temps sera vide, et qu'ils ont quelque chance de s'y asseoir.

Ces élections soulèvent de petites émeutes dans le camp des lettrés, mais elles laissent l'opinion publique indifférente. La littérature proprement dite (et je m'expliquerai bientôt sur ce qu'ont d'absurde ces catégories introduites dans le domaine de la pensée), n'a plus de ces grands noms qui s'im-

posent et qui pénètrent à l'Institut par ef-
fraction, quand on ne leur ouvre pas la porte
de bon gré. Il ne peut plus se produire, et
pour cause, de ces échecs glorieux qui dé-
versent du ridicule sur ceux qui les infligent,
et rapportent un surcroît d'honneur à ceux
qui les subissent. Un Victor Hugo sortirait
plus grand d'une telle défaite ; mais où sont
maintenant les Victor Hugo ?

La compétition n'existe plus qu'entre des
talents secondaires, et l'Académie française,
en dépit des criailleries intéressées qui ac-
cueillent ses choix, a le droit, si bon lui
semble, de prendre ses élus dans le monde
politique, puisque le monde littéraire ne lui
en désigne pas d'assez marquants.

Prévost-Paradol, par exemple, l'emporte
sur Jules Janin, et quelques gens de s'indi-
gner. L'un a pour spécialité la polémique, et
l'autre la critique théâtrale. Voudriez-vous
me dire lequel des deux est le plus fin, le
plus ingénieux, le plus littéraire en un mot ?

— Mais voilà! quarante ans que Jules Janin écrit! — Halte-là! vous confondez l'Académie avec les Invalides ; pour y entrer on n'a pas besoin de chevrons ; le talent seul suffit!

Aussi le public, malgré les excitations du journalisme, n'a-t-il pris qu'un intérêt médiocre aux luttes académiques. Que lui importaient le vainqueur ou le vaincu? De quelles idées, de quelles doctrines ces noms étaient-ils la représentation et pour ainsi dire le symbole? Dans quelle mesure le style de celui-ci pouvait-il faire échec aux opinions de celui-là? Si nous en exceptons M. Littré, dont la candidature avait une véritable signification philosophique, le parterre s'est fort peu soucié de savoir qui attraperait le gros lot dans les capricieuses tombolas du palais Mazarin.

II.

Mais aujourd'hui Jules Favre se présente,

Jules Favre, un des noms les plus populaires, une des individualités les plus saillantes de la France, Jules Favre qui n'en est plus à chercher la réputation et qui a déjà conquis la gloire. L'opinion, endormie depuis quelque temps à l'endroit de l'Institut, se réveille, elle s'émeut, elle soutient et patronne le grand orateur, de telle sorte qu'il n'est plus le candidat de tel ou tel groupe académique, mais celui de toute la nation!

III

Quels sont les ennemis de sa candidature? Le nombre en est fort limité, car il est peu de ses adversaires politiques qui n'aient affirmé, dans bien des circonstances, l'admiration dont ils entourent son talent. Ce ne sont pas ses opinions, c'est son éloquence qu'il présente aux suffrages des Immortels. L'Académie française est-elle un club où l'on ne peut entrer que sur la présentation d'une cocarde? Est-elle un cénacle où donnent accès les triomphes de l'esprit? La question est posée; la docte assemblée des Quarante la résoudra, nous en avons l'assurance, à son honneur.

Ce n'est pas là le compte de quelques officieux de second ordre qu'offusque déjà la présence de Jules Favre à la Chambre et qu'irrite par avance la perspective de son entrée probable à l'Académie. Ce qui fait son titre aux yeux des autres fait précisément son crime à leurs yeux; il discourt trop à leur sens, puisque les malheureux passent, et sans trop de succès, leur vie à le réfuter. Ne leur parlez pas de Jules Favre pour académicien; ils aimeraient mieux en aller chercher un aux Sourds-Muets!

Qu'allèguent-ils pourtant à son encontre? Car enfin les officieux mêmes sont tenus de raisonner et la rancune ne dispense pas des arguments. Leur grande objection, c'est que Jules Favre n'est pas un écrivain, mais un orateur, qu'il est un homme politique, et non un lettré.

IV

Je comprends peu, pour ma part, ces distinctions subtiles établies entre les divers genres de littérature, et je désigne volontiers sous ce titre tout ce qui, par la parole écrite ou parlée, charme, améliore, élève l'esprit.

Nous avons inventé, sans doute, sur les lettres et sur l'art je ne sais quelles théories pernicieuses et malsaines : nous avons fait de l'idée et de la forme, si nécessaires l'une à l'autre, deux sœurs ennemies qui font domicile à part et que l'incompatibilité d'humeur force à vivre séparément; nous avons établi une ligne de démarcation profonde entre le beau et l'utile ; nous avons décidé, pour tout dire, dans notre sagesse, que celui-là réalisait l'idéal qui disait le plus joliment le plus de riens. Les quelques idées qui nous restent (s'il nous en reste), nous les travestissons, nous leur mettons les costumes les plus voyants et les plus riches, moins pour dissimuler leur pauvreté que pour en faire insolemment étalage : littérature d'eunuques et de courtisanes qui donne tout à l'oripeau et rien au fond, qui fait piaffe d'épigrammes prétentieuses et vides, mais qui n'a rien, que dis-je? qui tire vanité de n'avoir rien de sérieux ni de solide, et qui a bien raison, certes, de faire fi de la morale, puisqu'il lui manque surtout la moralité !

Les Grecs et les Romains, nos maîtres dans l'art de penser et d'écrire, avaient d'autres idées sur les lettres ; ils les considéraient comme les guides, et les institutrices de la vie. Ils avaient peu de goût, sauf aux époques de décadence, pour l'*art pur*, tel que nous le concevons aujourd'hui ; ils regardaient le talent comme une arme de combat, non comme un élégant et frivole jouet. Aussi mettaient-ils au premier rang ceux qui vouaient leur génie à la chose publique, et n'accordaient-ils que la seconde place à ceux qui, se proposant un but d'action moins immédiate et moins directe, consacraient à l'*art pur* un temps et des forces que les grands intérêts du pays auraient peut-être plus utilement occupés. Le grand citoyen chez eux avait le pas sur le grand artiste; l'*atrium* du jurisconsulte éminent et celui du puissant orateur étaient plus assiégés que le cabinet du poëte et du philosophe. Ils estimaient que celui-là mérite les plus grands honneurs qui fait don à la patrie de sa vie tout entière, et qui épuise tout ce qu'il a de souffle, de talent et d'âme dans les grandes luttes du Forum. Si Athènes et Rome avaient eu un Institut, Démosthènes aurait eu la préférence sur Euripide et Cicéron sur Virgile. Nous n'avons pas de Virgile, mais nous avons un Cicéron; ce n'est pas seulement un devoir de patriotisme, mais encore de justice littéraire qui force à lui ouvrir les portes de l'Académie!

Autrefois la chose eût été toute simple; mais aujourd'hui nous en sommes venus à ce point d'abaissement intellectuel que nous ne comptons plus l'éloquence au nombre des choses littéraires. C'est une mode de n'avoir pas de convictions, et où nous voyons une foi sérieuse, nous soupçonnons volontiers l'absence du talent. Nos hommes à nous, ce sont les baladins, et non les tribuns; ce sont les bouffons qui batifolent sur les tréteaux, coiffés d'un casque étamé de neuf et chamarrés de dorures factices, mais non les orateurs qui, drapés dans les plis sévères de la toge, discutent avec une véhémente éloquence les intérêts de la patrie!

V

Demandons-le pourtant; quel est l'écrivain, même le plus dédaigneux à l'endroit de la pensée et le plus uniquement préoccupé du style, qui puisse rivaliser avec Jules

Favre pour l'artifice et le calcul apparent de
la période? Où trouvera-t-on une plus large
et plus lumineuse ordonnance dans l'ensem-
ble, une perfection plus scrupuleuse et plus
accomplie dans le détail? Sa phrase, saisie
au moment même de l'improvisation et
transportée tout aussitôt sur le papier, défie
la critique la plus sévère, elle se déroule
avec une telle régularité, se développe avec
une telle ampleur que l'art le plus réfléchi
n'en aurait pas mieux dessiné les contours.

Ne vous attendez pas à trouver dans cette
éloquence, qui se gouverne et se possède
toujours, même au fort de l'inspiration, ce
désordre, cet abandon familiers aux orateurs
qui improvisent ; ici tout semble prévu,
combiné, travaillé de longue main. Les éclats
eux-mêmes et les coups de tonnerre oratoires ne retentissent pas avec une brusque
soudaineté dans ces admirables discours,
mais s'annoncent à l'avance par des prépa-
rations habiles ; le ton ne se hausse pas tout

à coup, pour retomber l'instant d'après ; il monte par degrés, et d'un vol mesuré, pour ainsi dire, vers les hautes cimes. La passion même ne détonne, ne s'échappe jamais en cris impétueux et violents, mais revêt je ne sais quel noble caractère d'harmonie et d'élégance. Un célèbre orateur romain ne montait jamais à la tribune aux harangues, sans être suivi d'un joueur de flûte qui modérât les fougues et qui réglât les mouvements de sa parole. C'est un instrument intérieur qui discipline les élans de Jules Favre ; il n'a pas besoin du joueur de flûte de Gracchus.

On dit qu'il y a des orateurs plus véhéments et qui exercent plus d'empire sur leur auditoire ; je ne veux point y contredire, quoique je n'en croie rien. N'a-t-on pas souvent raconté que, dans ce fameux procès d'Orsini, M. Delangle, alors président de la Cour Impériale, éprouva comme un éblouissement, causé par le charme capiteux de cette magique parole? Ne se souvient-on pas de cette magnifique improvisation où, s'élevant aux sommets les plus sublimes de la philosophie religieuse et prédisant l'avenir du christianisme régénéré, il fit éclater en applaudissements la Chambre tout entière? Ces colères mêmes, ces tumultes, ces tempêtes qu'il déchaîne parmi ses adversaires sont-elles le fait d'un orateur sans action et sans puissance?

Admettons toutefois qu'il y en ait de plus entraînants; à coup sûr il n'en existe pas de plus accompli. Les autres, on aime à les entendre, mais il est le seul qu'on aime à lire. C'est qu'il a le style, condition sans laquelle les plus beaux succès de tribune ou de barreau sont éphémères, — le style qui rend seul les ouvrages immortels!

Et c'est par là qu'il mérite, plus que personne, le fauteuil académique, car il parle comme on écrit trop peu de nos jours. Si j'osais même, je dirais qu'il est plutôt écrivain qu'orateur, et que ses discours sont avant tout des chefs-d'œuvres littéraires. Il y a du Cicéron, et du meilleur, dans cette prose ample et lumineuse qui ne déborde jamais comme un torrent, mais qui s'épanche avec une vitesse mesurée, comme un fleuve qui s'est depuis longtemps creusé son lit. Cette forme noble et sereine rappelle, par un admirable mélange de sobriété et de parure, celle du dix-septième siècle ; aussi le définirais-je volontiers le Massillon de la démocratie, mais un Massillon avec la flamme et les éclairs en plus !

Il faut autant de maladresse que de courage aux rares adversaires de sa candidature pour rappeler que l'Académie française doit se recruter parmi les lettrés. Lettré, dites-vous ? si par là vous entendez un maître dans l'art du bien penser et du bien dire, qui donc aujourd'hui l'est plus que Jules Favre ? Parmi les prétendus rivaux que vous lui suscitez, qui donc est sûr de laisser après soi, dans le genre qu'il cultive, des modèles plus achevés et plus parfaits?

VI

On met bien des noms en avant, et peut-être à leur insu. Dans tous les cas, ils ne peuvent soutenir la comparaison avec Jules Favre, et il y aurait de leur part non pas modestie, mais prudence à s'effacer.

On a d'abord cité M. Franz de Champagny. C'est un galant homme, dit-on, et fort bien vu en haut lieu. Le malheur est que les relations ne font pas la gloire, et qu'en dehors de certains salons on ne soupçonne pas son existence. Le connaissez-vous? Avez-vous retenu seulement le titre d'un de ses ouvrages? Il a publié quelques travaux historiques qui ne sont pas indignes d'estime, le style en est sage et les idées honnêtes; ils respirent la morale la plus pure; je sais d'ailleurs de source certaine qu'on les donne en prix dans les couvents. La seule porte par laquelle M. de Champagny pourrait entrer à l'Institut est celle des prix Monthyon. S'il y a jamais des Académies de savoir-vivre et de bonne tenue, il peut y revendiquer une des premières places. Mais si j'avais l'honneur de le connaître, je l'engagerais à ne pas trop approcher de celles où l'on demande quelque chose de plus que la probité dans les sentiments et quelque chose de plus que le bon ton dans le style. Il est historien, à ce que dit un certain monde, mais Michelet l'est un peu plus que lui, je suppose, et Michelet n'est pas encore un des Quarante. Allons, M. de Champagny, renoncez à votre doux rêve, et puisque vous allez dans les bals du grand monde, sollicitez, pour vous consoler, la faveur d'y conduire un cotillon !

VII

Cette compensation ne suffirait certainement pas à M. Philarète Chasles ; je doute,

en effet, qu'il danse beaucoup et que sa
personne soit plus légère que son style. Par
bonheur, il adore l'Académie en amant mo-
deste qui est résigné d'avance aux rigueurs
de sa maîtresse; il est, pour tout dire, du bois
dont on fait les candidats perpétuels. Il n'y
a guère de fauteuil vacant qu'il ne sollicite,
mais d'une façon toute platonique, et sans
le moindre espoir de l'obtenir. C'est une
manière comme une autre de prouver à ses
amis qu'il existe; au lieu de cartes de visite,
il leur adresse, par la voie des *Débats*, un
certificat de vie et d'ambition. Il a bien raison, certes, de ne pas tenir à se faire élire;
le jour où il serait reçu, on commencerait à
ne plus s'occuper de lui!

Ce n'est pas qu'il soit sans mérite; seulement il en est des talents comme des étoffes
qui sont bien vite démodées. M. Philarète
Chasles a eu son heure comme tous les autres, mais si sa pendule la marque encore, il
faut avouer qu'elle est bien en retard. Il y

2.

a vingt ans, sa candidature aurait eu quelques chances de succès. Lauréat de l'Académie française, critique érudit, sinon fort intéressant, à la *Revue des Deux-Mondes*, professeur souvent applaudi au Collége de France, il aurait eu peut-être la même fortune littéraire que M. Saint-Marc-Girardin, son concurrent et son rival aux années de début, s'il avait, à son exemple, condensé le meilleur de lui-même dans une œuvre laborieuse et suivie qui témoignât non-seulement de ses brillantes aptitudes, mais encore de sa persévérante volonté. Tout au contraire il s'est éparpillé dans une foule de directions diverses ; il a ouvert le terrain sur bien des points, mais il n'a creusé nulle part un sillon définitif. Il a fait des centaines d'articles et n'a pas écrit un seul livre. Esprit tout en dehors et qui se dépense au jour le jour, il a commencé par donner la fine fleur de son froment et nous sert maintenant des moutures de seconde qualité, pour ne pas dire pis. Critique original et novateur dès l'abord, il n'a pas eu la patience de serrer en un faisceau de théories consistantes et solides les instincts et pour ainsi dire les heureux pressentiments de sa jeunesse. Il n'a rien fondé, parce qu'il n'a rien approfondi. J'éprouve quelque tristesse à le dire, mais Philarète Chasles est un des hommes les plus ignorés de la génération contemporaine, qui ne peut compter pour des titres sérieux les boutades excentriques où s'échappe souvent sa vanité aigrie. Il n'existe plus qu'à l'état de souvenir et pour ainsi dire à l'état d'ombre ; l'Académie n'a que faire des revenants !

VIII

Théophile Gautier songe aussi, dit-on, à se mettre sur les rangs, et je n'en éprouve aucune surprise ; il est assez illogique pour cela. Mais s'il a oublié la préface de *Made-*

moiselle Maupin, d'autres s'en souviennent et lui feront certainement sentir, le jour de l'élection, qu'il est au moins bizarre de briguer la société de gens qu'on a fait longtemps profession de dédaigner. J'admets qu'avec l'âge il ait beaucoup rabattu de ces irrévérences ; mais, quand le diable devient vieux et se fait ermite, c'est bien le moins qu'il ne choisisse pas pour retraite le monastère dont il a le plus tourmenté les abbés.

Son échec, je ne le dissimule pas, soulèverait quelques clameurs dans les estaminets de l'école du style; mais il trouverait indifférent le plus grand nombre des lettrés. *Théo*, comme l'appelle avec une familiarité respectueuse le troupeau des fanatiques, n'est pas un dieu pour tout le monde, il s'en faut de beaucoup, et la majorité des lecteurs parcourt sans un vif enthousiasme les ouvrages de ce matérialiste païen, ivre de couleurs et d'images, qui n'a décrit toute sa vie que des sensations, et qui n'a jamais su exprimer une idée. Si l'on élève par hasard un temple à Vénus Astarté, je demande qu'il en soit nommé grand pontife. Couronné de la tiare phénicienne, vêtu d'une tunique blanche, arrêtée à la taille par une ceinture d'or, suivi d'un chœur de jeunes lévites, dont Emmanuel des Essarts et Catulle Mendès seront les coryphées, il chantera, suivant le rit sacré, les louanges de la déesse et les apothéoses de la chair. Mais l'habit à palmes vertes manque d'ampleur et ne prête pas assez à la beauté plastique ; en attendant la chlamyde du grand-prêtre, je lui conseille de s'en tenir à la *gandoura* qu'il a rapportée de ses voyages en Orient.

Trève de plaisanteries! Théophile Gautier ne s'est-il pas toujours moqué de ses lecteurs, de ses disciples et de lui-même? Voudrait-on qu'il se moquât aussi de l'Académie, en se présentant à ses suffrages? — C'est un ciseleur incomparable, direz-vous?

— Oui, sans doute ; ses vers et sa prose ont les contours précis du marbre, mais ils en ont aussi la rigidité et la froideur. Dans ces strophes ou dans ces périodes qui font miroiter sous les yeux, plus éblouis que charmés, une mosaïque de métaphores éclatantes, qu'y a-t-il d'humain, qu'y a-t-il d'animé, de vivant enfin ? Quelle passion, quel sentiment fait battre le cœur de ces magnifiques statues, sous les plis savamment drapés de leurs peplums et de leurs toges ? Si ces momies ne parlent pas, si elles n'ont rien à nous apprendre, que nous importe la grâce assoupie qu'elles ont sous leurs bandelettes et la beauté sculpturale qu'elles conservent dans la mort ?

En sommes-nous donc venus à ce point que cela s'appelle de l'art ? N'admet-on plus que l'artiste vraiment digne de ce titre doit être doublé d'un penseur ? Le style s'est-il débarrassé de l'idée, comme d'un joug onéreux, et la forme a-t-elle usurpé la

place du fond, dont jadis elle était seulement
la parure? Cette théorie de l'art pour l'art,
qui serait monstrueuse si elle n'était aussi
niaise, a-t-elle fait tant de chemin que,
partie d'abord d'une réunion de bohèmes
en humeur de paradoxes, elle descende les
hauteurs de la Courtille littéraire, pour ve-
nir frapper aux portes de l'Académie? Non,
pour l'honneur des lettres françaises, il ne
saurait en être ainsi; non, le chef d'une
école qui méprise la pensée, qui traite les
philosophes de pédants et les moralistes de
perruques, ne peut aspirer à l'honneur de
s'asseoir entre Guizot et Villemain !

IX

Arrivons aux candidatures plus sérieu-
ses. On a parlé de M. Duvergier de Hauranne, et peut-être contre son gré. Autrefois lieutenant de M. Thiers et son chef
d'état-major dans les campagnes parlemen-
taires, il ne voudrait certainement pas com-

promettre, par des démarches intempes-
tives, une élection que patronne vivement, à
ce qu'on assure, son ancien général. C'est
presque une question d'honneur, et M. de
Hauranne comprend ces questions-là mieux
que nul autre. Il est d'ailleurs de ceux qui
peuvent attendre, et qui sont assurés, en
tout état de cause, d'avoir leur tour.

C'est, en effet, un esprit singulièrement
étendu et doué, au plus haut degré, de bien
des sortes d'aptitudes. Un des pires effets
de nos révolutions fréquentes a été de con-
damner au silence une foule de voix qui
ne se faisaient entendre auparavant, ni sans
utilité pour le pays, ni sans gloire pour elles-
-mêmes. Journaliste incisif, brillant, tran-
chant dans le vif des questions littéraires
ou politiques, avec une audace presque
toujours couronnée de succès, il avait ap-
porté à la tribune, sous la dynastie de
Juillet, ces qualités si françaises de netteté,
de résolution, de promptitude, par lesquelles

il avait conquis un rang distingué dans la presse. C'est un de ces hommes comme en a tant créés et mis en œuvre le dernier règne qui ne se sont pas enfermés dans les limites d'une spécialité étroite, et qui ont à la fois en eux l'étoffe d'écrivains d'élite et d'hommes d'État éminents. Les événements survenus depuis l'avaient décidé à la retraite, et il avait été oublié, beaucoup par la faute des circonstances, un peu par la sienne propre. Dans ces dernières années, il s'est rappelé avec éclat à l'attention publique par une éloquente histoire du *Régime parlementaire*, de ce régime vers lequel on finit par incliner, après en avoir tant médit. Ouvrage remarquable à bien des titres, qui supporte, sans trop en souffrir, le voisinage redoutable des *Mémoires* de M. Guizot, et qui, dans un temps où l'indépendance et la vigueur de la pensée sont rares, ouvrira certainement à M. Duvergier de Hauranne les portes de l'Académie.

Aussi verrait-on avec peine, dans l'intérêt
même de sa propre réputation, qu'il se pré-
sentât contre Jules Favre. Malgré la solidité
de son mérite, auquel nous rendons pleine
justice, il ne peut, croyons-nous, affronter
impunément une telle concurrence. Re-
poussé, il se retirerait affaibli d'un échec
qu'il aurait imprudemment provoqué ; élu,
son succès lui serait plus nuisible qu'hono-
rable, car il l'aurait remporté contre le droit
et la justice. S'il y a, suivant l'expression de
Montaigne, des défaites triomphantes, il y
a aussi des victoires qui se dressent et por-
tent témoignage contre le vainqueur. M. Duvergier de Hauranne a trop longtemps plaidé
la cause du juste et de l'honnête pour pou-
voir oublier, en cette circonstance, la sévé-
rité de ses principes. Qu'il se désiste donc,
et qu'il épargne aux admirateurs de son
sérieux et noble talent la perspective, égale-
ment triste dans la conjoncture présente, de
le voir vainqueur ou vaincu !

X

Est-il vrai, comme l'annonçait dernièrement un journal, que M. Taine brigue un
fauteuil académique? Je n'en crois rien, et
je suis heureux, à vrai dire, de n'en rien
croire, car je fais trop grand cas du jeune et
déjà célèbre philosophe pour supposer qu'il
s'égare dans une aussi fantastique illusion.
J'ai déjà exprimé publiquement l'opinion
que j'avais de lui, et il m'a fait l'honneur de
me répondre par une lettre d'une extrême
bienveillance. Ai-je besoin de lui dire que je
fais, de concert avec ses nombreux lecteurs,
les vœux les plus sincères pour qu'il enfonce
au plus vite les barrières du palais Mazarin?

Mais du désir à la réalité il y a plus loin
que de la coupe aux lèvres, et tous ceux
qui, comme moi, le rêvent académicien en
seront longtemps encore pour leurs frais
d'espoir. On sait quel accueil a trouvé chez

les Quarante son admirable *Histoire de la Littérature anglaise*. S'ils se sont obstinément refusés à couronner le livre, il y a fort à parier qu'ils ne recevront pas l'auteur. Se présenter dès lors serait une bravade inutile, et dont la réputation déjà solidement assise de M. Taine ne retirerait aucun profit.

C'est un des ennuis attachés à la position de novateur d'avoir tout d'abord pour soi les petits, mais contre soi les puissants. Quand on innove, c'est toujours contre les erreurs officielles, et elles tiennent trop à leurs galons pour céder sitôt la place. Il ne faut pas demander aux hommes plus de vertu qu'ils n'en ont, et s'attendre à les voir saisir les verges qu'on leur tend pour s'en fouetter eux-mêmes. Un temps viendra où M. Taine sera pris non pour un révolutionnaire ayant la monomanie des ruines, mais pour un philosophe sérieux et convaincu. On finira par considérer ses doctrines comme des idées pures, et non comme des machines de guerre. Alors on regardera de plus près à son style qui est un des plus passionnés, un des plus vivants, un des plus complets en un mot de la littérature contemporaine, et, tout en faisant, par un ancien reste d'habitude, des réserves sur le penseur, l'Institut admettra l'écrivain.

Mais aujourd'hui, la philosophie de M. Taine, c'est le cheval de bois qui porte le panthéisme, le fatalisme, le scepticisme, l'athéisme et bien d'autres choses encore dans ses flancs ; il faut que le vigoureux auteur de tant d'atrocités en *isme* se le tienne pour dit : jamais les Troyens du pont des Arts ne laisseront entrer ce cheval perfide dans leurs murs !

XI

Seraient-ils plus disposés à y admettre le gallicanisme dans la personne de monseigneur Darboy ? Car il figure, lui aussi, dans cette longue procession de candidats que les nouvellistes sur les dents ont fait défiler devant le fauteuil de M. de Barante. Personne certes n'honore plus que moi l'archevêque de Paris ; personne n'applaudit de plus grand cœur à ces mandements élevés où le patriotisme du Français se concilie, dans une mesure si prudente, avec la foi religieuse du prélat. Je ne partage pas ses idées, et je suis de ceux qui croient qu'il n'y a pas de trait d'union possible entre Paris et Rome, — Paris représentant par-dessus tout la libre pensée et la libre conscience, Rome ayant l'ambition insensée d'imposer son joug aux âmes et sa domination tyrannique aux esprits !

Mais enfin il y a quelque grandeur à tenter cette alliance chimérique, et nous ne pouvons nous défendre d'admirer l'homme, — surtout quand cet homme est un évêque, — qui cherche à ménager une entente entre le passé et le présent, qui cherche pour tout dire, dans sa loyauté reconnue de tous, à

mettre la main de l'Église dans celle de la
société civile, fille de la Révolution!

Sont-ce là pourtont des titres académiques? Et Mgr Darboy s'est-il jamais demandé
si ceux qui patronnent, avec un si bruyant
enthousiasme, l'archevèque de Paris et le
dignitaire du Sénat, auraient eu le même
zèle pour la candidature de l'évêque de
Nancy?

A-t-il remarqué surtout que les arguments
décochés par ses amis à l'adresse de Jules
Favre peuvent, avec autant et plus de jus-
tesse, se retourner contre lui? C'est comme
orateur qu'on le présente, j'imagine; y au-
rait-il donc, pour l'éloquence du Luxem-
bourg ou de Notre-Dame, des grâces d'État
refusées à celle du palais de Justice ou du
Corps Législatif? Le talent de la parole se-
rait-il un brevet d'académicien pour les sé-
nateurs, à l'exclusion des députés, pour les
évêques, à l'exclusion des avocats?

Pour moi, profane et peu apte à saisir des

distinctions aussi subtiles, je fais peu de différence, en pareille matière, entre la pourpre épiscopale et la toge ; j'estime, dans mon gros bon sens, que le choix doit porter non sur le plus titré, mais sur le plus digne, et ne suffit-il pas de poser la question en ces termes pour écarter le nom de Mgr Darboy?

XII

Ce n'est point l'esprit de parti, c'est le seul amour de la vérité qui m'a guidé dans cette revue rapide des candidatures mises en avant, et je crois avoir démontré que celle de Jules Favre est la plus sérieuse, la plus *littéraire* en un mot. En vain ses adversaires appellent-ils à la rescousse Sainte-Beuve, Lamartine et bien d'autres qu'ils enrôlent un peu violemment sous leur drapeau.

Sainte-Beuve, dans le second volume des Portraits contemporains, (pag. 151 et suiv.)

s'exprime à ce sujet d'une façon qui leur laisse peu d'espoir :

« Que l'Académie, dit-il, espace, entremêle les gens de lettres par des choix d'une littérature moins spéciale, et par toutes les sortes de variétés que présentent, dans une société comme la nôtre, les applications publiques de la parole, à la bonne heure ! l'Académie est un salon ; pour qu'il reste le premier de tous, à de certains jours, il faut qu'il n'y manque aucune des formes et des distinctions possibles du langage. »

Et plus loin :

« Les hautes fonctions, les services rendus à l'État dans la carrière publique sont et seront toujours des indications pour les choix, pourvu qu'il s'y joigne à l'appui un accompagnement, un prétexte littéraire, un retentisement d'éloquence ! »

Pense-t-on que le sénateur de 1867 ait oublié les paroles du critique de 1841 ? Pour moi, je ne ferai pas à M. Sainte-Beuve l'injure de croire qu'il faille ajouter un nouveau chapitre à l'histoire de ses variations.

A-t-on bien réfléchi, quand on a prononcé le nom de Lamartine? N'a-t-on pas vu tout ce qu'il y aurait de cruel, d'odieux même à tirer l'illustre vieillard de son indigente solitude, pour lui faire renier une fois de plus son glorieux passé? Et voudrait-on lui infliger cette humiliation dernière de lui faire élever, contre un de ceux qui l'aidèrent autrefois le plus dans son œuvre, une voix désormais sans puissance? Je lisais dernièrement qu'une libérale sollicitude allait l'arracher aux tourments d'une vieillesse précaire; ah! que l'attitude de Lamartine ne donne pas du moins à cette généreuse bienfaisance le caractère d'un marché!

XIII

La carrière est ouverte à Jules Favre; l'opinion publique l'y accompagne; la fa-

veur presque assurée de ses futurs collègues
l'y appelle ; sa position même lui fait un
devoir de ne pas résister à cet appel. Les
honneurs décernés à l'esprit ne sont pas de
ceux qu'on dédaigne, quoique démocrate, et
les couronnes académiques sont les seules
qu'il soit glorieux pour un républicain de
porter. Qu'il se présente donc, escorté et
comme précédé par le bruit de ses triomphes
oratoires ! qu'il aille demander aux Thiers,
aux Berryer, aux Dufaure, ses égaux et ses
émules dans le grand art de la parole publique, après avoir été comme eux à la
peine, le droit d'être comme eux à l'honneur !

Quel motif pourrait le retenir ? La crainte
d'un échec ? Il est de ceux qu'un succès honore sans doute, mais qu'un revers ne dimi-
nuerait pas, car il serait immérité !

Qu'il se rende donc aux vœux de ses
amis, aux vœux mêmes de bien des adversaires de sa politique qui sont les admira-

teurs de son talent, et la démocratie sera
fière de voir l'Académie française couronner
dans sa personne la plus harmonieuse éloquence mise au service de la plus noble des
causes, — celle de la liberté!

É. SAINT-HILAIRE.

POISSY. — TYP. ET STÉR. DE A. BOURET

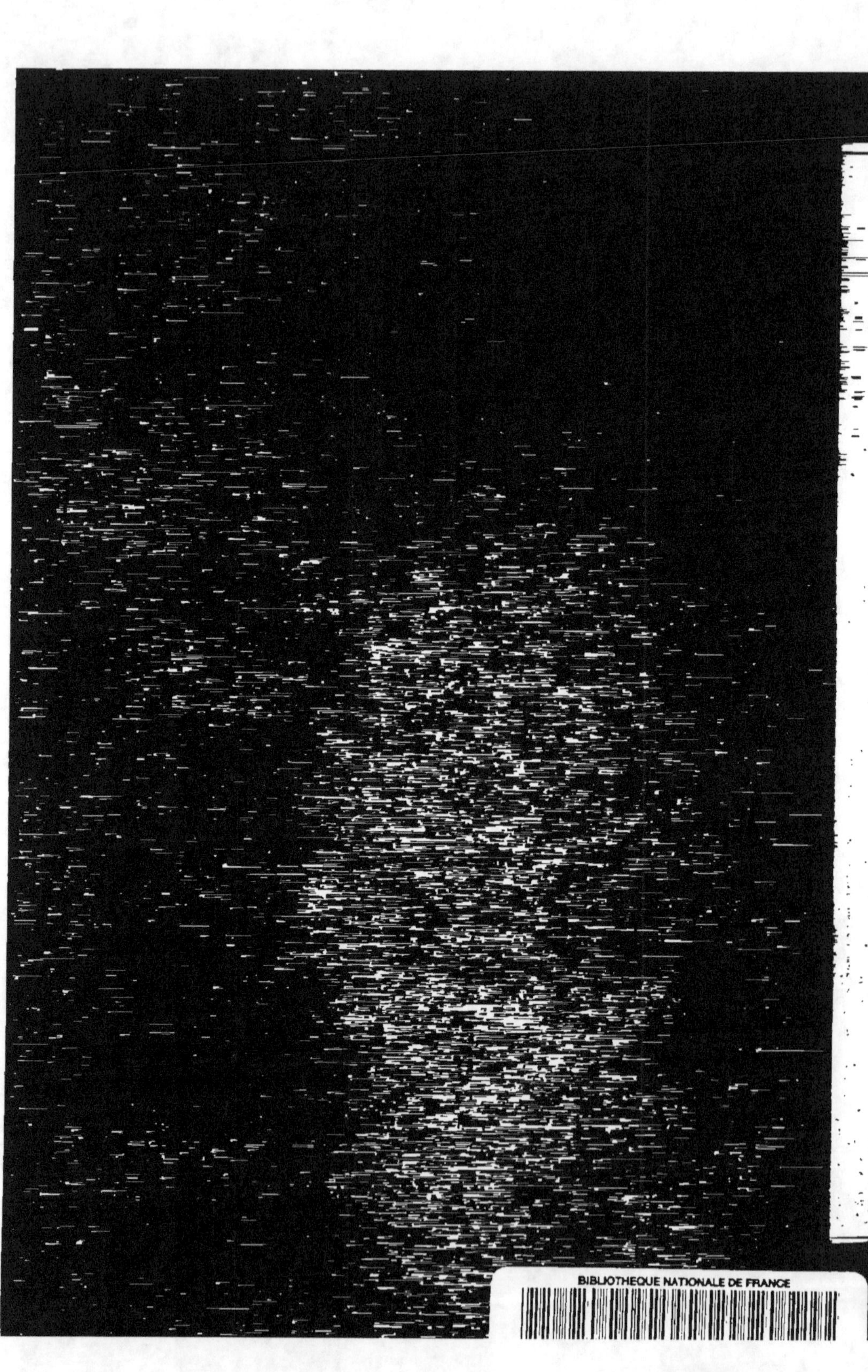